AUTOS RÁPIDOS/FAST CARS

FERRARI

FERRARI

por/by Lisa Bullard

**Consultora de lectura/
Reading Consultant:**
Barbara J. Fox
Reading Specialist
North Carolina State University

**Consultor de contenidos/
Content Consultant:**
James Elliott
Editor
Classic & Sports Car magazine

Capstone
press®

Mankato, Minnesota

Blazers is published by Capstone Press,
151 Good Counsel Drive, P.O. Box 669, Mankato, Minnesota 56002.
www.capstonepress.com

Library of Congress Cataloging-in-Publication Data
Bullard, Lisa.
    [Ferrari. Spanish & English]
    Ferrari / por Lisa Bullard = Ferrari / by Lisa Bullard.
    p. cm. — (Blazers. Autos rápidos = Blazers. Fast cars)
    English and Spanish.
    Includes index.
    ISBN-13: 978-1-4296-2379-7 (hardcover)
    ISBN-10: 1-4296-2379-9 (hardcover)
    1. Ferrari automobile — Juvenile literature. I. Title. II. Series.
TL215.F47B8518 2009
629.222'2 — dc22   2008001383

Summary: Briefly describes the history of Ferrari and its models — in both
    English and Spanish.

Editorial Credits
Erika L. Shores, editor; Katy Kudela, bilingual editor; Strictly Spanish,
    translation services; Biner Design, designer; Bobbi J. Wyss, set designer;
    Jo Miller, photo researcher

Photo Credits
Alamy/FS Agency, 7; Motoring Picture Library, cover; Phil Talbot,
    15 (bottom left); www.gerardbrown.co.uk, 22–23
AP/Wide World Photos, 6
Corbis/Car Culture, 18–19, 28–29; Sygma/Richard Melloul, 25;
    Vittoriano Rastelli, 24
Rex USA, 20–21
Ron Kimball Stock/Ron Kimball, 4–5, 8–9, 10, 14 (both), 15 (bottom right),
    26–27
SuperStock, Inc., 12–13
ZUMA Press/David Cooper, 16–17

Essential content terms are **bold** and are defined at the bottom of the
pages where they first appear.

1 2 3 4 5 6 13 12 11 10 09 08

TABLE OF CONTENTS

TABLA DE CONTENIDOS

FAST AND EXPENSIVE/ VELOZ Y COSTOSO

A shiny red Ferrari speeds down the freeway. Car lovers everywhere want one of these expensive cars.

Un Ferrari rojo y brillante marcha veloz por la autopista. Los amantes de los autos en todo el mundo desean tener uno de estos costosos automóviles.

In 1947, Italian Enzo Ferrari started a company to build race cars. Today, Ferrari makes some of the fastest cars on the road and the racetrack.

Ferrari racers at the starting line in 1957/
Corredores de Ferrari en la línea de partida
en 1957

En 1947, el italiano Enzo Ferrari fundó una compañía para fabricar autos de carrera. En la actualidad, Ferrari fabrica algunos de los autos más veloces tanto en la carretera, como en la pista de carreras.

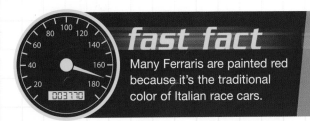

fast fact

Many Ferraris are painted red because it's the traditional color of Italian race cars.

dato rápido

Muchos Ferraris están pintados de rojo, porque es el color tradicional de los autos de carrera italianos.

A HISTORY OF SPEED/ UNA HISTORIA DE VELOCIDAD

Ferrari built the 166 MM Touring Barchetta in 1948. It showed the world a new, lightweight design for a sports car.

Ferrari fabricó el Touring Barchetta 166 MM en 1948. Le mostró al mundo un diseño nuevo y liviano para un auto deportivo.

Ferrari sports cars quickly became popular. But the company still put racing first. The 1962 250 GTO was built to win sports car races.

Los autos deportivos de Ferrari se hicieron populares con rapidez. Pero la prioridad de la compañía seguía siendo las carreras. El 250 GTO de 1962 se fabricó para ganar carreras de autos deportivos.

fast fact

Scuderia Ferrari is the famous racing division of the Ferrari company.

dato rápido

La Escudería Ferrari es la famosa división de carreras de la compañía Ferrari.

In 1967, Ferrari introduced the Dino 206 GT. Unlike earlier Ferrari sports cars, the Dino's engine sat behind the cockpit. The V6 engine produced 180 *horsepower*.

En 1967, Ferrari presentó el Dino 206 GT. A diferencia de los primeros autos deportivos Ferrari, el motor del Dino descansaba detrás de la cabina del conductor. El motor V6 producía 180 *caballos de fuerza*.

> **horsepower** — a unit for measuring an engine's power
>
> ---
>
> **caballo de fuerza** — unidad para medir la potencia del motor

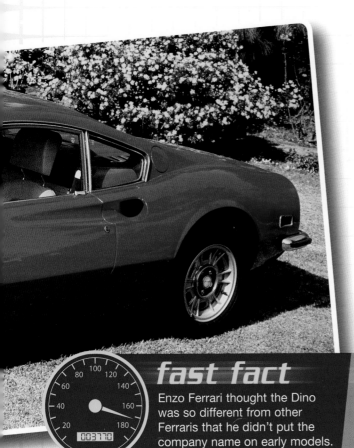

fast fact

Enzo Ferrari thought the Dino was so different from other Ferraris that he didn't put the company name on early models.

dato rápido

Enzo Ferrari pensó que el Dino era tan diferente comparado con otros Ferraris, que no puso el nombre de la compañía en los primeros modelos.

FERRARI TIMELINE/ LÍNEA DEL TIEMPO DEL FERRARI

Ferrari 250 GTO is released./
Se pone a la venta el Ferrari 250 GTO.

1962

1948

166 MM Touring Barchetta is introduced./
Se presenta el Touring Barchetta 166 MM.

In 2002, the company honored its founder by building the Enzo Ferrari. This supercar's top speed is 217 miles (349 km) per hour.

En 2002, la compañía homenajeó a su fundador con la fabricación del modelo "Enzo Ferrari". La velocidad máxima de este super auto es de 217 millas (349 km) por hora.

The F40 is introduced./
Se presenta el F40.

The 599 GTB Fiorano is released./
Se pone a la venta el Fiorano 599 GTB.

1987

2007

1984

2002

Ferrari Testarossa is released./
Se pone a la venta el Ferrari Testarossa.

Enzo Ferrari is released./
Se pone a la venta el Enzo Ferrari.

THE PUSH BEHIND THE POWER/ EL EMPUJE DETRÁS DE LA POTENCIA

Most carmakers don't use expensive V12 engines. But Ferrari puts speed first by using V12s in many of its cars.

La mayoría de los fabricantes de autos no usan costosos motores V12. Pero Ferrari pone a la velocidad en primer lugar, al usar este tipo de motores en muchos de sus autos.

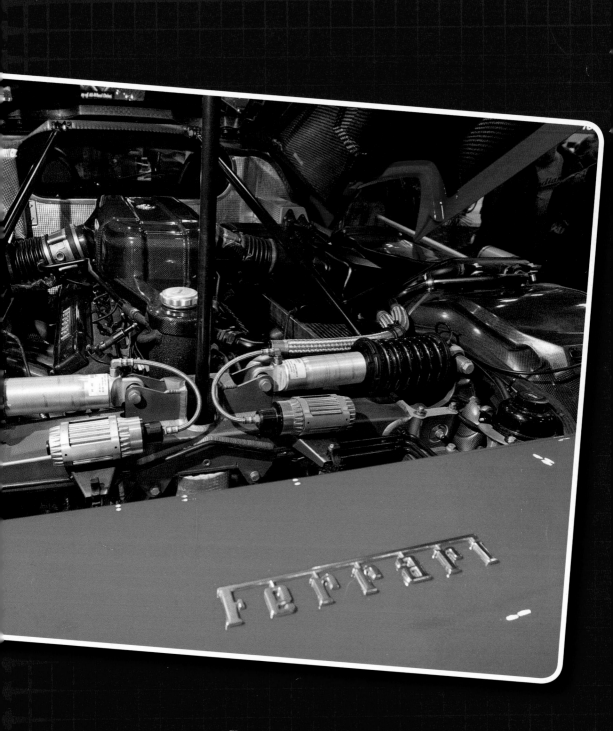

The 599 GTB Fiorano's powerful V12 engine produces an amazing 620 horsepower. It goes from 0 to 62 miles (100 km) per hour in only 3.7 seconds!

El poderoso motor V12 del Fiorano 599 GTB produce 620 asombrosos caballos de fuerza. ¡Acelera de 0 a 62 millas (100 km) por hora en sólo 3.7 segundos!

RACING TO STAY THE BEST/CORRER PARA SEGUIR SIENDO EL MEJOR

Racing remains at the heart of the Ferrari company. Ferrari wants its new sports cars to share the cutting-edge *technology* used in Ferrari race cars.

Las carreras permanecen en el corazón de la compañía Ferrari. Ferrari desea que sus nuevos autos deportivos compartan la *tecnología* de última generación que se utiliza en los autos de carrera de Ferrari.

technology —
the use of science to do
practical things

tecnología —
uso de la ciencia para
lograr objetivos prácticos

Aerodynamic designs inspired by
F1 race cars help Ferrari's F430 cruise
down the road. Its F1 gearbox makes
changing gears fast and smooth.

Los diseños ***aerodinámicos*** inspirados por los autos de carrera de la Fórmula Uno ayudaron al F430 de Ferrari a avanzar por la carretera. Su caja de velocidades de F1 logra que los cambios de velocidad sean veloces y suaves.

aerodynamic — built to move easily through the air

aerodinámico — fabricado para moverse y avanzar atravesando el aire con mayor facilidad

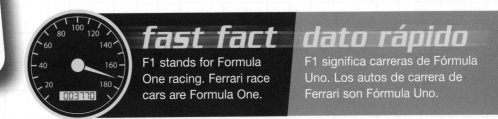

fast fact

F1 stands for Formula One racing. Ferrari race cars are Formula One.

dato rápido

F1 significa carreras de Fórmula Uno. Los autos de carrera de Ferrari son Fórmula Uno.

Ferraris are among the most expensive cars in the world. Some parts are put together by hand. Ferrari also keeps prices high by limiting how many cars are made each year.

Los Ferraris están entre los autos más costosos del mundo. Algunas piezas se colocan a mano. Ferrari también mantiene los precios elevados al limitar la cantidad de autos que se fabrican por año.

fast fact

Not just anyone can own certain Ferrari models. People who want those Ferraris must apply to the company in order to buy one.

dato rápido

No cualquier persona puede tener ciertos modelos de Ferrari. Quienes desean comprar esos modelos de Ferrari deben presentar una solicitud ante la compañía, para poder comprar uno.

FERRARI DIAGRAM/ DIAGRAMA DE FERRARI

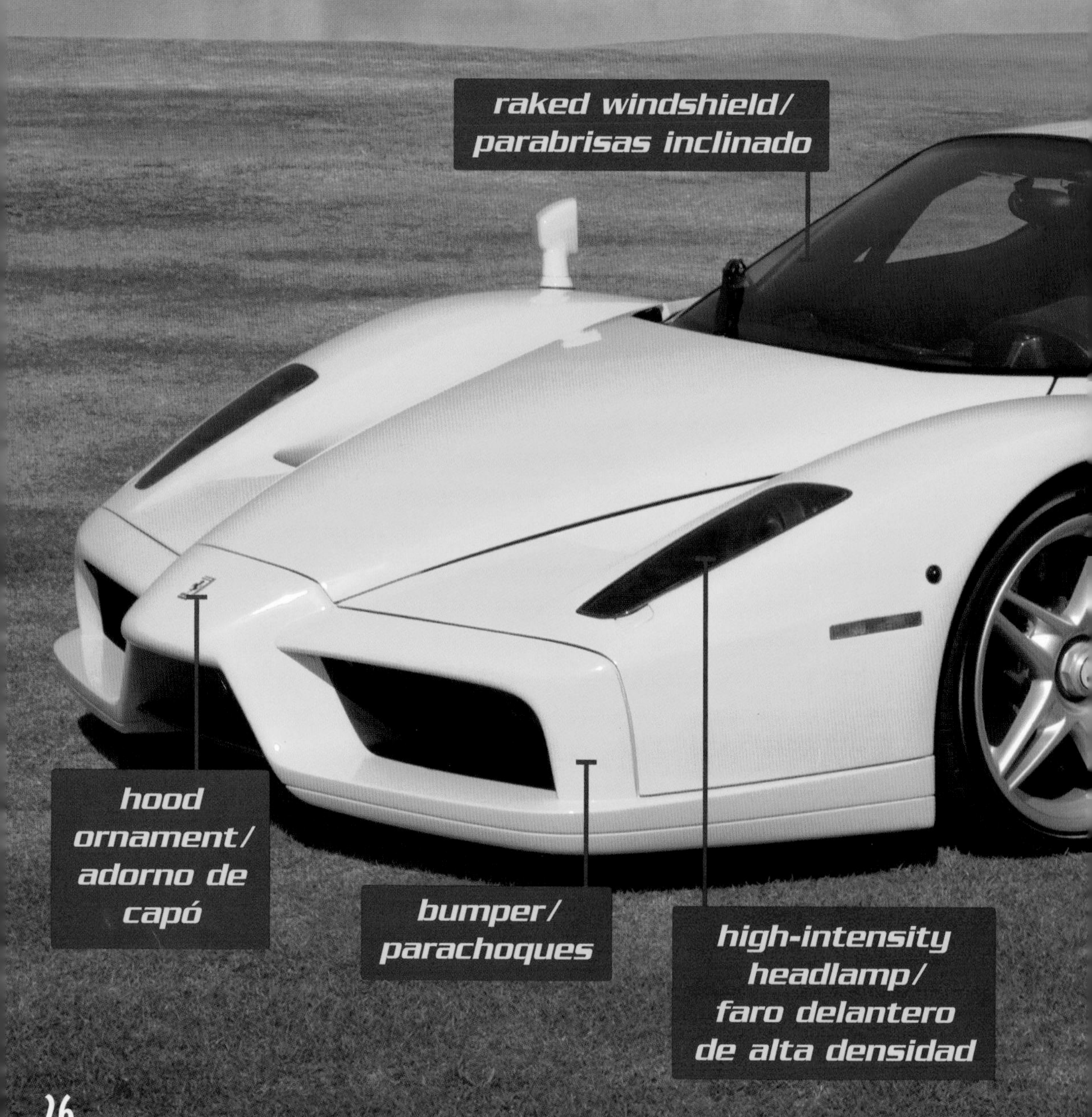

raked windshield/
parabrisas inclinado

hood
ornament/
adorno de
capó

bumper/
parachoques

high-intensity
headlamp/
faro delantero
de alta densidad

cockpit/cabina del conductor

wheel/ rueda

27

THE FUTURE/
EL FUTURO

Ferrari fans don't know what the company will produce next. But they know any new Ferrari will be fast, flashy, and expensive!

Los fanáticos de Ferrari no saben qué fabricará la compañía en el futuro. ¡Pero saben que cualquier Ferrari será veloz, llamativo y costoso!

Ferrari 599 GTB Fiorano/Ferrari 599 GTB Fiorano

GLOSSARY

aerodynamic — built to move easily through the air

cockpit — the area where the driver sits

gearbox — a car's transmission

horsepower — a unit for measuring an engine's power

technology — the use of science to do practical things, such as designing complex machines

INTERNET SITES

FactHound offers a safe, fun way to find Internet sites related to this book. All of the sites on FactHound have been researched by our staff.

Here's how:
1. Visit *www.facthound.com*
2. Choose your grade level.
3. Type in this book ID **1429623799** for age-appropriate sites. You may also browse subjects by clicking on letters, or by clicking on pictures and words.
4. Click on the **Fetch It** button.

FactHound will fetch the best sites for you!

GLOSARIO

aerodinámico — fabricado para moverse y avanzar atravesando el aire con mayor facilidad

el caballo de fuerza — unidad para medir la potencia del motor

la cabina — área donde se sienta el conductor

la caja de velocidades — transmisión de un auto

la tecnología — uso de la ciencia para lograr objetivos prácticos, como diseñar máquinas complejas

SITIOS DE INTERNET

FactHound te brinda una manera divertida y segura de encontrar sitios de Internet relacionados con este libro. Hemos investigado todos los sitios de FactHound. Es posible que algunos sitios no estén en español.

Se hace así:
1. Visita *www.facthound.com*
2. Elige tu grado escolar.
3. Introduce este código especial **1429623799** para ver sitios apropiados a tu edad, o usa una palabra relacionada con este libro para hacer una búsqueda general.
4. Haz un clic en el botón **Fetch It**.

¡FactHound buscará los mejores sitios para ti!

INDEX

ÍNDICE